INHALTSVERZEICHNIS

MARACUJA SUNSHINE DESSERT

HIMBEER-SAHNE-TRAUM

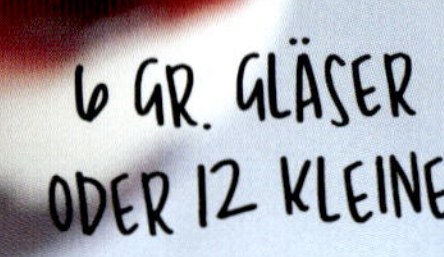

SCHWARZWÄLDER Kirschdessert

MIT BROWNIE

TIPP:
GEBEN SIE ETWAS KIRSCHLIKÖR ANSTELLE VON WASSER ZU DEN KIRSCHEN.

ZUTATEN

FÜR DEN BROWNIE:

175 g Zartbitterschokolade
125 g Butter
1 P. Vanillezucker
180 g brauner Zucker
3 Eier
150 g Weizenmehl, Type 405
1 TL Backpulver
1 Prise Salz
1 geh. EL Backkakao

ZUM VERZIEREN:

ggf. frische Kirschen und etwas Raspelschokolade

FÜR DIE CREME:

750 g Sahne
60 g Puderzucker
400 g Magerquark

1 Glas Schattenmorellen (Abtr.gew. ca. 350 g)
25 g Speisestärke

ZUBEREITUNG

1 Schokolade in den Mixtopf geben und **8 Sek./Stufe 7** zerkleinern. Butter zugeben und **3 Min./70°C/Stufe 1** schmelzen. Vanillezucker, Zucker und Eier zugeben und **20 Sek./Stufe 4** mixen. Mehl, Backpulver, Salz und Kakao zugeben und **15 Sek./Stufe 4** unterrühren.

2 Teig in eine kleine gefettete Backform (27x26 cm) geben und im vorgeheizten Backofen bei 180°C Ober-/Unterhitze ca. 20 Min. backen. Abkühlen lassen und in 6 Stücke schneiden. Mixtopf spülen.

3 Sahne und Puderzucker im Mixtopf **10 Sek./Stufe 10** steif schlagen. Quark zugeben und **10 Sek./Stufe 3** cremig rühren. In einen Spritzbeutel füllen und kalt stellen. Mixtopf spülen.

4 Kirschen absieben, Saft dabei auffangen und Kirschen in eine Schüssel geben. Saft in den Mixtopf einwiegen und mit Wasser (oder Kirschlikör) bis 380 g auffüllen. Speisestärke zugeben und **4 Min./90°C/Stufe 3** andicken. Kirschsauce zu den Kirschen geben und gut vermengen. Abkühlen lassen.

5 Je ein Kuchenstück etwas zerbröseln und die Hälfte davon in ein Glas geben. Etwas Kirschmasse darauf verteilen und mit Sahnequark bespritzen. Vorgang wiederholen und mit Raspelschokolade bestreuen. Mit einer Kirsche verzieren.

TIPP FÜR VARIANTE:
STATT DEN SCHOKO-KEKSEN KÖNNEN SIE AUCH COOKIES VERWENDEN.

6 GLÄSER

OREO-BEEREN-Dessert

ZUTATEN

100 g	Oreo-Kekse
300 g	Beerenmischung, TK aufgetaut o. frische Beeren
20 g	Speisestärke
2 TL	Zitronensaft
1 EL	Vanillezucker, selbstgemacht
150 g	griechischer Joghurt, 10% Fett
250 g	Mascarpone
500 g	Magerquark
20 g	Zucker
20 g	Sahne

ALTERNATIV KÖNNEN SIE DIE CREME AUCH GERADE EINSCHICHTEN

ZUBEREITUNG

1. Kekse in den Mixtopf geben und **5 Sek./Stufe 5** zerkleinern. Umfüllen und Mixtopf spülen.

2. Beerenmischung, Speisestärke, 1 TL Zitronensaft und Vanillezucker in den Mixtopf geben und **5 Min./80°C/Stufe 2** einkochen. Umfüllen und Mixtopf spülen.

3. Joghurt, Mascarpone, Magerquark, 1 TL Zitronensaft, Zucker und Sahne im Mixtopf **20 Sek./Stufe 3.5** cremig rühren.

4. Kekse, Creme und Beerengrütze klecksartig in Gläser schichten. Bis zum Servieren kalt stellen.

6 GLÄSER

GIN TONIC Creme

ZUTATEN

200 g	Sahne
175 g	Doppelrahm-Frischkäse
200 g	Schmand
150 g	Naturjoghurt, 3,5%
50 g	Puderzucker
40 g	Gin
40 g	Tonic Water
1 TL	Limettensaft
1 Btl.	Gelatine Fix
12 Stangen	Löffelbiskuit (100 g)
1	Limette zum Garnieren

SIE KÖNNEN AUCH VERSCHIEDENE GLÄSER VERWENDEN

ZUBEREITUNG

1. Rührаufsatz in den Mixtopf einsetzen. Sahne hineingeben und auf **Stufe 3.5** unter Sichtkontakt steif schlagen. Umfüllen und Mixtopf spülen.

2. Frischkäse, Schmand, Joghurt, Puderzucker, Gin, Tonic Water, Limettensaft und Gelatine Fix in den Mixtopf geben und **20 Sek./Stufe 2.5** vermengen. Sahne zugeben und mit dem Spatel unterrühren.

3. Löffelbiskuitstangen in einen Gefrierbeutel geben und mit einem Nudelholz klein klopfen. Auf 6 Gläser verteilen. Nun die Gin-Tonic-Creme darauf geben und für 2 Std. in den Kühlschrank stellen. Vor dem Servieren mit Limettenscheiben garnieren.

FÜR EINE ALKOHOLFREIE VARIANTE LASSEN SIE DEN GIN EINFACH WEG UND GEBEN SIE NOCH 1 WEITEREN TL LIMETTENSAFT UND 2 EL MILCH DAZU.

4 GLÄSER

ERDBEER-RICOTTA-Gläschen

ZUTATEN

200 g	Sahne
100 g	Ricotta
75 g	Zucker
1 EL	Zitronensaft
150 g	Naturjoghurt, 3,5%
250 g	Erdbeeren
1 EL	Vanillezucker, selbstgemacht
2	Erdbeeren zum Garnieren

IN SCHRAUBGLÄSER GEFÜLLT LÄSST ES SICH GUT TRANSPORTIEREN

ZUBEREITUNG

1. Rühraufsatz in den Mixtopf einsetzen. Sahne hineingeben und auf **Stufe 3.5** unter Sichtkontakt steif schlagen. Ricotta, Zucker, Zitronensaft und Naturjoghurt zugeben und **10 Sek./Stufe 2.5** vermengen. Creme umfüllen und Mixtopf spülen.

2. Erdbeeren und Vanillezucker in den Mixtopf geben und **6 Sek./Stufe 5** mixen.

3. Nun die Creme im Wechsel mit dem Erdbeerpüree auf die Gläser verteilen und mit je einer halbierten Erdbeere garnieren. Vor dem Servieren kalt stellen.

TIPP: WER MÖCHTE, KANN NOCH ETWAS ERDBEERLIMES UNTER DAS ERDBEERPÜREE MISCHEN.

6 GLÄSER
SCHOKO-KOKOS-
Dessert

ZUTATEN

250 g	Sahne
1 EL	Vanillezucker, selbstgemacht
500 g	griechischer Joghurt, 10% Fett
40 g	Kokosraspel
3 TL	Kokossirup
100 g	Zartbitterschokolade
15 g	Kokosfett (z.B. Palmin)
etwas	Kokosraspel zum Bestreuen

SEHR BELIEBT BEI KINDERN :-)

ZUBEREITUNG

1 Rühraufsatz in den Mixtopf einsetzen. Sahne und Vanillezucker hineingeben und auf **Stufe 3.5** unter Sichtkontakt steif schlagen. Griechischen Joghurt, Kokosraspel und Kokossirup zugeben und **8 Sek./Stufe 2.5** vermengen. Creme umfüllen und Mixtopf spülen.

2 Zartbitterschokolade in Stücken in den Mixtopf geben und **7 Sek./Stufe 8** hacken. Kokosfett etwas klein schneiden und zugeben. Das Ganze **3 Min./60°C/Stufe 2** schmelzen.

3 Nun die Creme im Wechsel mit der flüssigen Schokolade in kleine Gläser schichten und mit Kokosraspel bestreuen.

ENTWEDER GLEICH VERNASCHEN, DANN IST DIE SCHOKOLADE NOCH FLÜSSIG. WER DAS DESSERT ABER GERNE KNACKIG UND EISKALT GENIESSEN MAG, STELLT DIE GLÄSER FÜR MIND. 2 STD. IN DEN KÜHLSCHRANK.

4 GLÄSER

COOKIE-TRAUBEN-Dessert

AUCH LECKER MIT OREO-KEKSEN

ZUTATEN

125 g Cookies, nach Wahl
175 g grüne Weintrauben, kernlos
250 g Magerquark
300 g griechischer Joghurt, 10% Fett
etwas Vanillearoma
30 g Puderzucker
2-3 Spritzer Limettensaft

ZUBEREITUNG

1 Cookies von Hand grob zerbröseln. Trauben waschen, trocknen und halbieren.

2 Quark, Joghurt, Vanillearoma, Puderzucker und Limettensaft im Mixtopf **10 Sek./Stufe 3.5** cremig rühren.

3 Nun die Creme im Wechsel mit den zerkleinerten Keksen und Trauben in kleine Gläser schichten. Bis zum Servieren kalt stellen.

TIPP FÜR VARIANTE:
STATT DEN COOKIES KÖNNEN SIE AUCH OREO-KEKSE VERWENDEN.

6 GLÄSER

KAFFEE-Dessert

ZUTATEN

125 g	Haselnusskekse mit Cremefüllung (s. Bild)
750 g	Speisequark, 20% Fett i. Tr.
300 g	Naturjoghurt, 3,5%
50 g	Zucker
1 TL	Vanillearoma
50 ml	Espresso, frisch gebrüht
etwas	Backkakao

ZUBEREITUNG

1. Kekse in den Mixtopf geben und **2 Sek./Stufe 6** hacken. Umfüllen.

2. Quark, Joghurt, Zucker und Vanillearoma im Mixtopf **20 Sek./Stufe 3** zu einer Creme verrühren.

3. Ca. 1 EL Keksbrösel in jedes Glas geben und je 2 TL Espresso darüber gießen. Nun etwas Creme darauf schichten und mit Kakao bestreuen. Vorgang noch einmal wiederholen. Zum Schluss mit ein paar Bröseln bestreuen und bis zum Servieren kalt stellen.

6 GLÄSER

LEMON CANTUCCINI Dessert

ZUTATEN

80 g	Cantuccini
400 g	Sahne
1 TL	Zucker
300 g	Doppelrahm-Frischkäse
100 g	Puderzucker
1 TL	Zitronenschalenabrieb
60 g	Zitronensaft (1 Zitrone)
15 g	Sofortgelatine (kalt löslich)
ein paar	Pistazien, gehackt
etwas	Minze zur Deko

ZUBEREITUNG

1. Cantuccini im Mixtopf **2 Sek./Stufe 6** zerbröseln. Auf 6 Gläser verteilen. Mixtopf mit kaltem Wasser ausspülen.

2. Rühraufsatz in den Mixtopf einsetzen. Sahne und Zucker in den Mixtopf geben und auf **Stufe 3.5** unter Sichtkontakt steif schlagen. Rühraufsatz herausnehmen und Sahne in eine Schüssel umfüllen.

3. Frischkäse, Puderzucker, Zitronenschalenabrieb und Zitronensaft im Mixtopf **15 Sek./Stufe 3** vermengen. Sofortgelatine und die Hälfte der geschlagenen Sahne zugeben und **15 Sek./Stufe 4** mixen. Restliche Sahne in einen Spritzbeutel füllen.

4. Creme auf die Cantuccinibrösel geben und mit Sahnetupfen bespritzen. Mit Minzblättchen und Pistazienkerne verzieren und für 1-2 Std. kalt stellen.

6 GLÄSER

MARACUJA SUNSHINE Dessert

ZUTATEN

6	Maracujas
100 g	Orangensaft
40 g	Zitronensaft
1 EL	Vanillezucker
1 EL	Honig
2	Eigelb
1 EL	Speisestärke

FÜR DIE WEISSE CREME:

250 g	Mascarpone
250 g	Buttermilch
200 g	Naturjoghurt, 3,8%
1 EL	Vanillezucker

ein paar Pistazien, gehackt

ZUBEREITUNG

1. Fruchtfleisch der Maracujas zusammen mit Orangensaft, Zitronensaft und Vanillezucker im Mixtopf **3 Min./80°C/Stufe 2** erhitzen. Danach durch ein feines Sieb streichen und wieder in den Mixtopf geben. Honig, Eigelb und Speisestärke zugeben und **5 Min./85°C/Stufe 3** erhitzen. Umfüllen und abkühlen lassen.

2. Zutaten für die weiße Creme im Mixtopf **1 Min./Stufe 4** rühren. Nun im Wechsel mit der Maracujamasse in Gläser schichten und kalt stellen. Vor dem Servieren mit ein paar gehackten Pistazien bestreuen.

4 GLÄSER

SPAGHETTI-EIS-Dessert

ZUTATEN

400 g	Sahne
3 EL	Zucker
1 P.	Vanillepuddingpulver
250 g	Mascarpone
150 g	Erdbeeren
etwas	weiße Schokolade

ZUBEREITUNG

1. 200 g Sahne und 1 EL Zucker in den Mixtopf geben und mit dem Rühraufsatz auf **Stufe 3.5** unter Sichtkontakt steif schlagen. Sahne auf 4 Gläser verteilen. Mixtopf spülen. Gläser in den Kühlschrank stellen.

2. Restliche Sahne mit Vanillepuddingpulver in den Mixtopf geben und mit dem Rühraufsatz **4-5 Min./90°C/Stufe 3** aufkochen. Umfüllen und abkühlen lassen. Mixtopf spülen.

3. Abgekühlte Vanillecreme in den Mixtopf geben. Thermomix auf **Stufe 3.5** laufen lassen und Mascarpone und 2 EL Zucker durch die Deckelöffnung zugeben. Kurz auf **Stufe 4** hochdrehen, bis alles gut vermengt ist.

4. Die Vanillecreme mithilfe einer Kartoffelpresse auf die Sahne drücken. Gläser wieder kalt stellen.

5. Vor dem Servieren Erdbeeren im Mixtopf **10 Sek./Stufe 5** pürieren und auf die Creme geben. Weiße Schokolade darüber reiben und servieren.

FÜR DIE OPTIK:
AM BESTEN IN GLÄSERN SERVIEREN, DIE AUSSEHEN WIE EISBECHER!

8 GLÄSER

APFEL-MANDEL-Dessert

ZUTATEN

250 g	Sahne
3 EL	Zucker
1 kg	Äpfel (Boskop)
70 g	Weißwein o. Apfelsaft

FÜR DIE MANDELBRÖSEL:

50 g	Butter
75 g	Zucker
100 g	Mandeln, gem. (altern. Haselnüsse)

AM BESTEN EIGNET SICH EIN SPRITZBEUTEL MIT ROSENTÜLLE

ZUBEREITUNG

1 Sahne und 1 EL Zucker in den Mixtopf geben und mit dem Rühraufsatz auf **Stufe 3.5** unter Sichtkontakt steif schlagen. Kalt stellen.

2 Äpfel vierteln, schälen und das Kernhaus ausschneiden. In den Mixtopf geben und **3 Sek./Stufe 4** zerkleinern. Weißwein und 2 EL Zucker zugeben und alles mit dem Spatel nach unten schieben. Das Ganze **12 Min./100°C/Sanftrührstufe** kochen. Danach umfüllen und abkühlen lassen.

3 In der Zwischenzeit Butter in eine beschichtete Pfanne geben und auf hoher Temperatur schmelzen. 75 g Zucker und gemahlene Mandeln zugeben und gut verrühren. So lange erhitzen, bis sich die Mandelmasse bräunlich färbt. Dabei immer wieder wenden. Masse zum Abkühlen auf einen Teller geben.

4 Zum Schluss die Mandelbrösel mit der Apfelmasse in Gläser schichten und mit Sahne garnieren. Im Kühlschrank etwas durchziehen lassen. Gerne auch über Nacht.

8 GLÄSER

MIT HASELNUSS-CRUNCH

RHABARBER Dessert

MIT WEISSER SCHOKOCREME

ZUTATEN

FÜR DAS RHABARBERKOMPOTT:

400 g Rhabarber
50 g Rhabarbersaft
40 g Zucker
etwas Vanillearoma
1 EL Speisestärke

FÜR DIE CREME:

100 g weiße Schokolade
120 g Sahne
250 g Mascarpone
500 g Magerquark

FÜR DIE NUSSBRÖSEL:

50 g Butter
75 g Zucker
100 g Haselnüsse, gem. (altern. Mandeln)

CREMIG, CRUNCHY UND FRUCHTIG

ZUBEREITUNG

1. Rhabarber putzen und in Stücke schneiden. Zusammen mit den restlichen Zutaten für das Kompott in den Mixtopf geben und **10 Min./100°C/ [Linkslauf] /Stufe 2** kochen. Danach umfüllen und abkühlen lassen. Mixtopf spülen.

2. In der Zwischenzeit die Nussbrösel herstellen (siehe Rezept S. 23).

3. Für die weiße Creme Schokolade im Mixtopf **7 Sek./Stufe 7** hacken. Sahne zugeben und **3 Min./37°C/Stufe 2** schmelzen. Umfüllen und für 5 Min. ins Gefrierfach stellen. Mascarpone, Quark und Schokosahne im Mixtopf **20 Sek./Stufe 4.5** cremig rühren.

4. Kompott, Nussbrösel und Creme im Wechsel in die Gläser schichten.

6 GLÄSER

WELTBESTES Tiramisu im Glas

ZUTATEN

100 g	Zucker
4	Eier, Gr. M (Zimmertemperatur)
500 g	Mascarpone

12 Stangen Löffelbiskuit (100 g)

3 Tassen	Espresso, frisch gebrüht
4 EL	Amaretto
etwas	Backkakao zum Bestäuben

PERFEKTE CREMIGKEIT

ZUBEREITUNG

1 Zucker im Mixtopf **10 Sek./Stufe 10** pulverisieren. Rühraufsatz einsetzen. Eier zugeben und **15 Min./40°C/Stufe 4** aufschlagen. Mascarpone löffelweise hinzugeben und dann **20 Sek./Stufe 2.5** rühren.

2 Löffelbiskuitstangen in 2-3 Stücke brechen und kurz in einem Gemisch aus Espresso und Amaretto tränken und mit der Creme abwechselnd in Gläser schichten. Mit Kakaopulver bestäuben. Mind. 2 Std. kalt stellen!

6 GLÄSER

SOMMERLICHES BEEREN-JOGHURT-Gläschen

ZUTATEN

200 g dunkle Beeren (Brombeeren, Heidelbeeren)
200 g rote Beeren (Himbeeren, Erdbeeren)
1 kg griechischer Joghurt, 10%
20 g Honig

FÜR DEN CRUNCH:

25 g Haselnusskerne
25 g Pekannusskerne
25 g Pistazienkerne
40 g Haferflocken, zart
50 g Zucker
2 EL Butter

ein paar Beeren zum Garnieren

MIT NUSS-CRUNCH-TOPPING

ZUBEREITUNG

1. Zuerst die dunklen Beeren in den Mixtopf geben. Gareinsatz einsetzen und **10 Sek./Stufe 5** mixen. Püree auf 6 Gläser verteilen. Mixtopf spülen.

2. Griechischen Joghurt und Honig im Mixtopf **20 Sek./Stufe 4** cremig rühren. 2/3 davon auf die dunkle Beerenschicht in die Gläser geben. Rest umfüllen und Mixtopf erneut spülen.

3. Nun die roten Beeren in den Mixtopf geben. Gareinsatz einsetzen und **10 Sek./Stufe 5** mixen. Püree auf die Joghurtschicht in die Gläser verteilen und mit restlichem Joghurt abschließen.

4. Für den Crunch Haselnüsse, Pekannüsse und Pistazien im Mixtopf **5 Sek./Stufe 5** hacken. Haferflocken zugeben und **3 Sek./Stufe 3** vermengen. Butter in eine beschichtete Pfanne geben und auf hoher Temperatur schmelzen. Zucker und Nuss-Mischung zugeben und gut verrühren. So lange erhitzen, bis sich die Nüsse bräunlich färben. Dabei immer wieder wenden. Crunch zum Abkühlen auf einen Teller geben. Crunch auf die Gläser verteilen und mit Beeren garnieren.

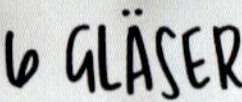

BANANE-SCHOKO-Dessert

MIT SCHOKO-PUDDING

ZUTATEN

100 g	Vollmilchschokolade
1 EL	Backkakao
550 g	Milch, 1,5%
50 g	Speisestärke
250 g	Mascarpone
25 g	Puderzucker
2	Bananen
etwas	Zitronensaft
200 g	Sahne
1 P.	Sahnesteif
etwas	Raspelschokolade zum Verzieren

ZUBEREITUNG

1 Schokolade in Stücken in den Mixtopf geben und **7 Sek./Stufe 7** zerkleinern. Kakaopulver, Milch und Speisestärke zugeben und **5 Min./80°C/Stufe 2** erhitzen.

2 Je 1 EL von dem Schokopudding in die Gläser geben. Zum restlichen Pudding im Mixtopf Mascarpone und Puderzucker geben und **20 Sek./Stufe 3** vermengen. Bananen in Scheiben schneiden und mit Zitronensaft beträufeln. Mit der Creme nun in die Gläser schichten. Mixtopf spülen.

3 Rühraufsatz in den Mixtopf einsetzen. Sahne und Sahnesteif hineingeben und auf **Stufe 3.5** unter Sichtkontakt steif schlagen. Mithilfe eines Spritzbeutesl auf die Desserts spritzen und mit Raspelschokolade bestreuen.

4–6 GLÄSER

HIMBEER-Sahne-Traum MIT ROSÉWEIN

ZUTATEN

250 g Himbeeren
200 g Schmand
2 EL Zucker
400 g Sahne
1 P. Vanillezucker
15 g Sofortgelatine (kalt löslich)
12 Stangen Löffelbiskuit (100 g)
etwas Roséwein zum Tränken (altern. Milch)
etwas gehackte Pistazienkerne
etwas Minze

TIPP FÜR VARIANTE: SCHMECKT AUCH SUPER LECKER MIT ERDBEEREN!

ZUBEREITUNG

1 Die Hälfte der Himbeeren in den Mixtopf geben und **7 Sek./Stufe 7** mixen. Schmand und Zucker zugeben und **10 Sek./Stufe 3** vermengen. Umfüllen.

2 Mixtopf mit kaltem Wasser ausspülen und Rühraufsatz einsetzen. Sahne und Vanillezucker zugeben und unter Sichtkontakt auf **Stufe 3.5** steif schlagen. Himbeermasse und Sofortgelatine zugeben und **20 Sek./Stufe 3** rühren.

3 Löffelbiskuitstangen halbieren und in Wein/Milch tränken. Im Wechsel mit der Creme und den restlichen Himbeeren in Gläser schichten. Mit Minze und Pistazien verzieren.

WIR HABEN HIER 4 GRÖSSERE DESSERTSCHALEN VERWENDET. WER KLEINERE GLÄSER NIMMT ERHÄLT AUS DER MENGE 6 DESSERTS IM GLAS.

8 KL. GLÄSER

Vanille-Mohn-PANNA COTTA

MIT KIRSCHEN

HIER WURDEN KLEINE TEELICHT-GLÄSCHEN AUS EINEM SCHWEDISCHEN MÖBELHAUS VERWENDET.

ZUTATEN

6	Gelatineblätter
400 g	Sahne
200 g	griechischer Joghurt, 10%
½	Vanilleschote, Mark davon
100 g	Zucker
2 EL	Mohn

FÜR DAS KIRSCHTOPPING:

300 g	frische Kirschen (altern. aus dem Glas)
1 EL	Speisestärke
2 EL	Zitronensaft
100 g	Kirschsaft
2 EL	Zucker

ZUBEREITUNG

1. Gelatine in kaltem Wasser einweichen. Sahne, Joghurt, Vanillemark, Zucker und Mohn in den Mixtopf geben und **6 Min./90°C/Stufe 2** erhitzen.

2. Gelatineblätter ausdrücken, mit in den Mixtopf geben und erneut **2 Min./90°C/Stufe 3** erhitzen. Creme in die Gläser füllen und für ca. 1 Std. in den Kühlschrank stellen (sollte beginnen fest zu werden).

3. Kirschen entkernen und halbieren. In den Mixtopf geben. Speisestärke mit Zitronensaft verrühren und zusammen mit Kirschsaft und Zucker mit in den Mixtopf geben. Das Ganze **2 Min./90°C/Stufe 0.5** andicken und auf die Panna Cotta verteilen. Für weitere 1-2 Std. in den Kühlschrank stellen.

APRIKOSEN CHEESECAKE Trifle

10 GLÄSER

ZUTATEN

250 g Eierplätzchen
800 g Milch, 1,5%
2 P. Vanillepuddingpulver
100 g Zucker
500 g Sahne
250 g Mascarpone
150 g Doppelrahm-Frischkäse
800 g Aprikosen
2-3 EL brauner Zucker
etwas Minze zum Verzieren

ZUBEREITUNG

1. Eierplätzchen in den Mixtopf geben und **8 Sek./Stufe 6** zerkleinern. Umfüllen.

2. Milch, Vanillepuddingpulver und 40 g Zucker in den Mixtopf geben und **8 Min./90°C/Stufe 3** aufkochen. In eine Schüssel umfüllen und an der Oberfläche mit Folie abdecken. Abkühlen lassen.

3. Mixtopf spülen. Sahne im Mixtopf mit eingesetztem Rühraufsatz auf **Stufe 3.5** steif schlagen. Rühraufsatz entfernen. Die Hälfte der Sahne in eine kleine Schüssel umfüllen.

4. Abgekühlten Pudding zur Sahne im Mixtopf geben und **10 Sek./Stufe 4** mixen. Mit dem Spatel nach unten schieben und weitere **5 Sek./Stufe 4** rühren. Umfüllen und kalt stellen.

5. Restliche Sahne, Mascarpone, Frischkäse und 60 g Zucker in den Mixtopf geben und **10 Sek./Stufe 4** mixen. Reste vom Mixtopfrand nach unten schieben und **5 Sek./Stufe 4** verrühren. Umfüllen und kalt stellen.

6. Aprikosen in Stücke schneiden, mit braunem Zucker mischen und auf ein mit Backpapier belegtes Backblech geben. Bei 180°C Umluft 10 Min. garen.

7. Nun die Gläser wie folgt schichten: Eierplätzchen, Sahnepudding, Aprikosen, Frischkäsecreme, noch einmal etwas Aprikosen.

4–6 GLÄSER

BAILEYS-Schokomousse

MIT AMARENA-KIRSCHEN

ZUTATEN

1 P.	Oreo-Kekse (176 g)
400 g	Sahne
1 EL	Backkakao
40 g	Zucker
250 g	Quark, 20% Fett i. Tr.
50 g	Baileys Chocolat
15 g	Sofortgelatine

ZUM VERZIEREN:

200 g	Sahne
4-6	Amarenakirschen

WER KEINE KIRSCHEN MAG, KANN DIESE AUCH WEG LASSEN.

ZUBEREITUNG

1 Kekse in den Mixtopf geben und **8 Sek./Stufe 4** grob zerbröseln. Umfüllen.

2 Sahne in den Mixtopf geben. Rühraufsatz einsetzen und Sahne unter Sichtkontakt auf **Stufe 3.5** steif schlagen. Kakao, Zucker, Quark, Schokoladen-Baileys und Sofortgelatine zugeben und **15 Sek./Stufe 3** unterrühren.

3 Creme im Wechsel mit den Keksen in Gläser schichten. Für 2 Std. in den Kühlschrank stellen.

4 Für die Verzierung Sahne steif schlagen. Rühraufsatz einsetzen und Sahne unter Sichtkontakt auf **Stufe 3.5** steif schlagen. Sahne mithilfe eines Spritzbeutels auf die Creme spritzen und mit Amarenakirschen verzieren.

ERDBEER-Tiramisu

MIT AMARETTINIS

AM BESTEN EIGNET SICH EIN SPRITZBEUTEL MIT ROSENTÜLLE

ZUTATEN

18	Amarettini-Kekse
4 TL	starker Espresso
250 g	Mascarpone
250 g	Magerquark
25 g	Amaretto
50 g	Puderzucker
250 g	Erdbeeren
etwas	Kakaopulver

ZUBEREITUNG

1. In jedes Glas 4 Amarettini-kekse zerbröseln. Je 1 TL Espresso darauf geben.

2. Mascarpone, Magerquark, Amaretto und Puderzucker in den Mixtopf geben und **10 Sek./Stufe 3.5** cremig rühren. In einen Spritzbeutel füllen.

3. Nun etwas Creme auf die Amarettini-Schicht spritzen und mit Kakaopulver bestäuben. Danach Erdbeeren einschichten. Entweder mit der Schnittfläche an den Glasrand stellen oder einfach klein würfeln. Wieder etwas Creme darauf spritzen und mit Kakaopulver, Erdbeeren und den restlichen 2 zerbröselten Amarettinis verzieren.

ZITRONIGES SCHOKO-MINZ-Dessert

4–6 GLÄSER

ZUTATEN

1 Handvoll Zitronenmelisse
30 g Pfefferminz-Sirup
150 g Naturjoghurt, 1,5%
40 g Zucker
etwas Vanillearoma
1 Zitrone, Saft davon
1 TL Zitronenschalenabrieb
500 g Mascarpone
20-50 g Milch, 1,5%

FÜR DIE SCHOKOSAUCE:

70 g Zartbitterschokolade
100 g Sahne

DIE SCHOKOSAUCE KANN AUCH FÜR ANDERE DESSERTS VERWENDET WERDEN.

ZUBEREITUNG

1. Zitronenmelisse in den Mixtopf geben und **8 Sek./Stufe 8** hacken. Restliche Zutaten (außer Milch und Mascarpone) zugeben und **10 Sek./Stufe 3** vermengen. Mascarpone zugeben und **20-30 Sek./Stufe 3.5** vermischen. Nach und nach Milch zugeben und immer wieder auf **Stufe 3.5** rühren, bis eine cremige Konsistenz entstanden ist. Creme in einen Spritzbeutel füllen und Mixtopf spülen.

2. Für die Schokosauce Schokolade in den Mixtopf geben und **10 Sek./Stufe 8** zerkleinern. Sahne zugeben und **3 Min./60°C/Stufe 2** schmelzen.

3. Creme im Wechsel mit der Schokosauce in Gläser spritzen und bis zum Servieren kalt stellen.

6 GLÄSER

CREMIGES ZITRONEN-Mousse

ZUTATEN

200 g	Sahne
70 g	Zucker
200 g	Crème fraîche
300 g	Buttermilch
2	Zitronen, Saft davon (80-90 g)
1 P.	Sofortgelatine (30 g)
etwas	Minze und Zitronenscheiben zum Verzieren

ZUBEREITUNG

1. Rühraufsatz in den Mixtopf einsetzen. Sahne und Zucker hineingeben und auf **Stufe 3.5** unter Sichtkontakt steif schlagen.

2. Restliche Zutaten zugeben und **20 Sek./Stufe 3** vermengen. In Gläser gießen und für 2 Std. in den Kühlschrank stellen. Nach Belieben verzieren und servieren.

ORANGEN-JOGHURT-Creme

ZUTATEN

1 Liter	Orangensaft, frisch gepresst (altern. Direktsaft)
2 P.	Vanillepuddingpulver
1 EL	Speisestärke
80 g	Zucker
200 g	griechischer Joghurt, 10%
etwas	Schokolade und Orangenscheiben zum Verzieren

ZUBEREITUNG

1. Alle Zutaten (außer Joghurt) in den Mixtopf geben und **8 Min./90°C/Stufe 3** erhitzen.

2. Mixtopfdeckel abnehmen und das Ganze 20 Min. abkühlen lassen. Joghurt zugeben und **10 Sek./Stufe 4** unterrühren.

3. In Gläser füllen und für 1-2 Std. in den Kühlschrank stellen. Nach Belieben verzieren und servieren.

VERWENDEN SIE ZUM BEISPIEL SCHOKOLADE MIT ORANGENGESCHMACK ZUM VERZIEREN.

12 KL. GLÄSER

VANILLE-ZIMT-Mousse

MIT BEERENSAUCE

ZUTATEN

6 Blatt Gelatine
500 g Milch, 1,5%
100 g Zucker
1 gestr. TL Zimt
1 Vanilleschote, Mark davon
400 g Sahne

FÜR DIE SAUCE:
600 g Waldbeeren-Mischung, TK
2 EL Puderzucker

ZUBEREITUNG

1 Zuerst Gelatineblätter in kaltes Wasser einlegen. Milch, Zucker, Zimt und Vanillemark im Mixtopf **5 Min./90°C/Stufe 2** erhitzen. Gelatineblätter ausdrücken und zur Flüssigkeit in den Mixtopf geben. Noch einmal **1 Min./90°C/Stufe 3** erhitzen, umfüllen und etwas abkühlen lassen.

2 In der Zwischenzeit Waldbeeren-Mischung mit Puderzucker in den Mixtopf geben und **10 Min./98°C/Stufe 1** köcheln. Beerenmasse durch ein feines Sieb streichen und Sauce auffangen.

3 Die Zimtmasse noch lauwarm für 20 Min. ins Gefrierfach stellen, damit die Masse beginnt zu gelieren.

4 Sahne in den Mixtopf geben. Rühraufsatz einsetzen und unter Sichtkontakt auf **Stufe 3.5** steif schlagen. Die Zimtmasse hinzugeben und **20 Sek./Stufe 3** vermengen.

5 In kleine Gläser füllen und 2 Std. in den Kühlschrank stellen. Vor dem Servieren Beerensauce darauf gießen.

SCHOKOLADIGE Frischkäsecreme MIT BROMBEEREN

4 GLÄSER

ZUTATEN

25 g	Baiser
100 g	Zartbitterschokolade, in Stücken
30 g	Sahne
175 g	Doppelrahm-Frischkäse
150 g	Naturjoghurt, 3,5%
30 g	Zucker
250 g	Brombeeren o. Beeren nach Wahl

ZUBEREITUNG

1. Baiser in den Mixtopf geben und **2 Sek./Stufe 5** grob zerkleinern (sollte es noch zu grob sein, noch 1 Sekunde nachstellen). Umfüllen.

2. Schokolade im Mixtopf **10 Sek./Stufe 7** zerkleinern. Sahne zugeben und **3 Min./60°C/Stufe 1** schmelzen.

3. Frischkäse, Joghurt und Zucker zugeben und **15 Sek./Stufe 4** cremig rühren.

4. Die Creme abwechselnd mit den Beeren und dem Baiser in 4 Gläser schichten.